Parabéns! A Coleção Akpalô tem um conteúdo digital completo e exclusivo esperando por você!

Para utilizar todos os recursos digitais da coleção, acesse o portal:
www.editoradobrasil.com.br/akpalo

Cadastre-se no portal e aproveite o conteúdo exclusivo!

1º - **Entre em Acesso ao conteúdo restrito**, clique em Cadastre-se e escolha a opção Aluno.

2º - **Digite o código de acesso**:

4131696A2015952

Você pode digitar todos os códigos que tiver! 😉

3º - **Preencha o cadastro** com suas informações.

Viu como é fácil? Acesse e transforme seus estudos em uma experiência única de aprendizado.

Liane Nascimento

Palavra de origem africana que significa "contador de histórias, aquele que guarda e transmite a memória do seu povo"

Dados Internacionais de Catalogação na Publicação (CIP)
(Câmara Brasileira do Livro, SP, Brasil)

Nascimento, Liane
  Akpalô : geografia, 1º ano / Liane Nascimento. – 3. ed. – São Paulo :
Editora do Brasil, 2015. – (Coleção akpalô)

  Bibliografia.
  ISBN 978-85-10-06036-3 (aluno)
  ISBN 978-85-10-06037-0 (professor)

  1. Geografia (Ensino fundamental) I. Título. II. Série.

15-07191   CDD-372.891

Índices para catálogo sistemático:
1. Geografia : Ensino fundamental 372.891

© Editora do Brasil S.A., 2015
Todos os direitos reservados

Direção geral: Vicente Tortamano Avanso
Direção adjunta: Maria Lucia Kerr Cavalcante de Queiroz

Direção editorial: Cibele Mendes Curto Santos
Gerência editorial: Felipe Ramos Poletti
Supervisão editorial: Erika Caldin
Supervisão de arte, editoração e produção digital: Adelaide Carolina Cerutti
Supervisão de direitos autorais: Marilisa Bertolone Mendes
Supervisão de controle de processos editoriais: Marta Dias Portero
Supervisão de revisão: Dora Helena Feres
Consultoria de iconografia: Tempo Composto Col. de Dados Ltda.

Coordenação Editorial: Júlio Fonseca
Coordenação pedagógica: Josiane Sanson
Edição: Gabriela Hengles e Camila Orsi Trevisan
Assistência editorial: André dos Santos Martins, Guilherme Fioravante e Patrícia Pinheiro de Sant'Ana
Auxílio editorial: Caio Zarino Jorge Alves e Manoel Leal de Oliveira
Apoio editorial: Caroline Fernandes
Coordenação de revisão: Otacilio Palareti
Copidesque: Gisélia Costa e Ricardo Liberal
Revisão: Alexandra Resende, Ana Carla Ximenes e Elaine Fares
Coordenação iconográfica: Léo Burgos
Pesquisa iconográfica: Joanna Heliszkowski e Adriana Abrão
Coordenação de arte: Maria Aparecida Alves
Assistência de arte: Leticia Santos
Design gráfico: Estúdio Sintonia
Capa: Maria Aparecida Alves
Imagem de capa: Rosinha
Ilustrações: Avelino Guedes, Hélio Senatore, Danillo Souza, Camila de Godoy, Brambilla, Roberto Zoellner, Jótah, DKO Estúdio, Eduardo Belmiro, Reinaldo Vignati, Estudio Mil, Edson Farias, Saulo Nunes Marques, Paulo José, Ilustra Cartoon, João P. Mazzoco, Flip Estúdio, Marco Cortez, Studio Caparroz, Luis Moura, Erik Malagrino, DAE (Departamento de Arte e Editoração)
Coordenação de editoração eletrônica: Abdonildo José de Lima Santos
Editoração eletrônica: Select Editoração
Licenciamentos de textos: Cinthya Utiyama, Paula Harue Tozaki e Renata Garbellini
Coordenação de produção CPE: Leila P. Jungstedt
Controle de processos editoriais: Beatriz Villanueva, Bruna Alves, Carlos Nunes e Rafael Machado

3ª edição / 2ª impressão, 2017
Impresso na São Francisco Gráfica e Editora

Rua Conselheiro Nébias, 887 – São Paulo/SP – CEP 01203-001
Fone: (11) 3226-0211 – Fax: (11) 3222-5583
www.editoradobrasil.com.br

Querido aluno,

O mundo nos desperta grande curiosidade. Todos os dias nos deparamos com novas imagens. O lugar onde vivemos e as paisagens observadas revelam uma grande diversidade de formas, pessoas, construções e formas de organização. É um espaço em constante transformação.

A Coleção Akpalô Geografia vai ajudá-lo a entender essa dinâmica. Nela você encontrará fotografias, ilustrações e mapas dos lugares, além de explicações, poemas, músicas, reportagens e textos apresentados para facilitar o entendimento do espaço geográfico.

As atividades são diversificadas e existem diversas situações em que você poderá refletir, descobrir, pesquisar e se divertir. E o principal: despertar seu interesse por aprender.

Esta coleção foi feita para você. Esperamos que goste! Aproveite bem este ano!

A autora

Conheça a autora

Liane Nascimento
- Especialista em Educação Ambiental.
- Graduada em Ciências Sociais e Geografia.
- Professora das redes pública e particular de ensino.
- Autora de livros didáticos para o Ensino Fundamental I.

Conheça seu livro

Baú de informações: traz textos informativos que aprofundam e complementam o conteúdo.

Diálogo inicial: apresenta o tema do capítulo com questões para iniciar o estudo dele.

Olho vivo!: apresentada no formato de lembrete, traz orientações específicas, dicas, ou sugestões, e chama atenção para aspectos importantes do que está sendo abordado.

Cartografia: traz atividades que ensinam a linguagem cartográfica, necessária para a compreensão de mapas e plantas.

Valores e vivências: textos sobre saúde, meio ambiente, ética, formação cidadã, consumo etc. Você saberá mais sobre a maneira de cada um ser, ver, fazer e entender as diferentes situações do dia a dia.

Atividades: é o momento de refletir sobre o conhecimento adquirido e fixá-lo. Em vários momentos você encontrará atividades interdisciplinares, isto é, que trabalham assuntos de duas ou mais disciplinas.

Brincar e aprender: atividade descontraída e contextualizada com o capítulo, que revisa ou aprofunda o conteúdo de forma lúdica.

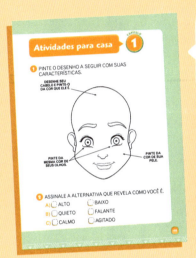

Atividades para casa: no final do livro, você encontra atividades de todos os capítulos para fazer em casa, facilitando assim o estudo.

Para ir mais longe: gostou do assunto estudado e quer saber ainda mais? Aqui há dicas de livros, filmes e sites que poderão enriquecer seu repertório.

Um pouco mais sobre: textos, músicas, poemas e outros gêneros artísticos apresentam curiosidades sobre o tema estudado.

Revendo o que você aprendeu: por meio das atividades de revisão, você retomará os conteúdos explorados no capítulo, assimilando melhor o que estudou.

Sumário

Capítulo 1 ≫ Brincar, observar e conhecer 10
Observando o corpo 11
Os lugares e as diferenças entre as crianças 16

Capítulo 2 ≫ Os elementos que observo 23
Os elementos naturais e culturais 24
Localizando os elementos que observo 27
Observando e representando o que está ao nosso redor 32

Capítulo 3 ≫ Um lugar para morar 39
Diferentes tipos de moradias 40
Por dentro de uma casa 47

Capítulo 4 ≫ Um lugar para estudar 51
A importância da escola 52
Diferentes escolas 55
A sala de aula 61

Capítulo 5 ≫ Observando caminhos 67
Diferentes caminhos 68
Observando paisagens nos caminhos 74

Capítulo 6 ≫ Meios de transporte 81
Meios de transporte 82
Tipos de transporte..88

Capítulo 7 ≫ O trânsito 97
Trânsito e sinalização 98
Segurança no trânsito..105

Capítulo 8 ≫ Os meios de comunicação 113
A importância da comunicação 114
Diferentes meios de comunicação 118

Atividades para casa 125

Encartes 133

CAPÍTULO 1
BRINCAR, OBSERVAR E CONHECER

DIÁLOGO INICIAL

PERNA DIREITA,
PERNA ESQUERDA
VAMOS CAMINHAR
PARA FRENTE E PARA TRÁS
NÓS VAMOS BRINCAR

DIREITA-ESQUERDA. SARAH, GREYCE, TATTI. IN: CD *ELIANA* – *PRIMAVERA*. SONYBMG, 1999.

1. AS CRIANÇAS ESTÃO MOVIMENTANDO PARTES DO CORPO? QUAIS?

2. VOCÊ COSTUMA PARTICIPAR DE ATIVIDADES EM QUE É NECESSÁRIO MOVIMENTAR O CORPO? COMO SÃO?

3. QUAL É SUA BRINCADEIRA PREDILETA? ELA EXIGE QUE VOCÊ MOVIMENTE QUAIS PARTES DO CORPO?

OBSERVANDO O CORPO

CADA PESSOA TEM DIFERENTES CARACTERÍSTICAS FÍSICAS. EXISTEM PESSOAS MAIS ALTAS E OUTRAS MAIS BAIXAS. ELAS PODEM TER OLHOS, PELE E CABELOS COM CORES DIFERENTES.

OBSERVE AS FOTOGRAFIAS E NOTE COMO OS INDIVÍDUOS PODEM TER CARACTERÍSTICAS FÍSICAS DIFERENTES ENTRE SI.

▶ ESTA É A JULIANA. ELA TEM 6 ANOS E MORA EM SÃO PAULO.

▶ ESTE É O RAONI. ELE TEM 6 ANOS E MORA NO MATO GROSSO.

▶ ESTA É A CAMILA. ELA TEM 5 ANOS E MORA EM PERNAMBUCO.

▶ ESTE É O GUSTAVO. ELE TEM 6 ANOS E MORA EM SANTA CATARINA.

MESMO QUE AS PESSOAS SEJAM PARECIDAS ENTRE SI, TODAS TÊM CARACTERÍSTICAS QUE AS DIFEREM DAS DEMAIS, OU SEJA, HÁ UMA GRANDE DIVERSIDADE DE PESSOAS: OS CABELOS PODEM SER RUIVOS, LOIROS, MORENOS; OS OLHOS, MAIS CLAROS OU ESCUROS ENTRE OUTRAS DIFERENÇAS.

ATIVIDADES

1 MARQUE COM UM **X** AS IMAGENS QUE CORRESPONDEM ÀS SUAS CARACTERÍSTICAS FÍSICAS.

A) COR DOS OLHOS

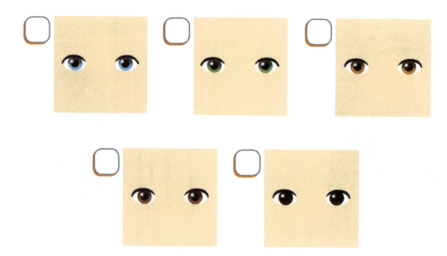

B) COR DO CABELO

C) TOM DE PELE

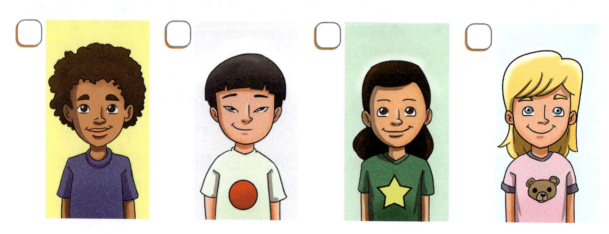

2 HÁ EM VOCÊ ALGUMA CARACTERÍSTICA FÍSICA QUE SE DESTACA OU SE DIFERENCIA EM RELAÇÃO A SEUS COLEGAS? DESENHE.

VALORES E VIVÊNCIAS

▶ LUCA.

A ESCOLA É UM ESPAÇO DE DIVERSIDADE, ONDE CONVIVEMOS COM PESSOAS DIFERENTES. ESSA CONVIVÊNCIA NOS PERMITE APRENDER OUTRAS FORMAS DE AGIR, PENSAR E BRINCAR.

NOS QUADRINHOS DA *TURMA DA MÔNICA*, CRIADOS POR MAURICIO DE SOUSA, EXISTEM PERSONAGENS QUE APRESENTAM CARACTERÍSTICAS QUE OS DISTINGUEM DOS DEMAIS NA FORMA DE PERCEBER OS OUTROS PERSONAGENS E ESTAR COM ELES. LUCA E DORINHA SÃO DOIS DELES.

▶ DORINHA.

BAÚ DE INFORMAÇÕES

MUITOS ARTISTAS FAZEM REPRESENTAÇÕES DO CORPO HUMANO UTILIZANDO DIFERENTES TÉCNICAS: PINTURAS, ESCULTURAS OU DESENHOS.

AS IMAGENS A SEGUIR MOSTRAM DUAS REPRESENTAÇÕES DO CORPO HUMANO FEITAS EM ESCULTURAS. OBSERVE QUE OS ARTISTAS QUE CRIARAM ESSAS OBRAS AS FIZERAM EM TAMANHOS DIFERENTES: UM MANTEVE O TAMANHO REAL, OUTRO O DIMINUIU.

▶ NORWICH, INGLATERRA, 2011.

▶ RIO DE JANEIRO, RIO DE JANEIRO, 2014.

PARA IR MAIS LONGE

LIVRO

▶ *O MENINO MARROM*, DE ZIRALDO. SÃO PAULO: MELHORAMENTOS, 2012.

ESSA É A HISTÓRIA DE UM MENINO MARROM, MAS QUE FALA TAMBÉM DE UM MENINO COR--DE-ROSA. AMBOS SÃO DOIS PERGUNTADORES QUE QUEREM DESCOBRIR JUNTOS OS MISTÉRIOS DAS CORES DAS PESSOAS.

CARTOGRAFIA

1 VAMOS REPRESENTAR NOSSO CORPO? ATENÇÃO PARA AS DICAS.

A) UNA FOLHAS DE PAPEL *KRAFT* PARA OBTER UMA FOLHA MAIOR.

B) DEITE-SE SOBRE ELAS.

C) PEÇA A UM COLEGA QUE FAÇA O CONTORNO DE SEU CORPO COM GIZ OU CANETA COLORIDA. DEPOIS, VOCÊ CONTORNA O CORPO DELE.

D) RECORTE ESSES "MAPAS DO CORPO" COM A AJUDA DO COLEGA E DO PROFESSOR.

E) COMPARE OS TAMANHOS: QUEM É MAIOR? QUEM É MENOR?

OS LUGARES E AS DIFERENÇAS ENTRE AS CRIANÇAS

AS PESSOAS TÊM UM NOME E CARACTERÍSTICAS FÍSICAS QUE AS TORNAM DIFERENTES UMAS DAS OUTRAS. ALÉM DISSO, APRESENTAM DIFERENTES GOSTOS E COMPORTAMENTOS.

ESSAS DIFERENÇAS PODEM SE RELACIONAR A ASPECTOS CULTURAIS DO LUGAR ONDE AS PESSOAS VIVEM. OBSERVE.

- TAINÁ MORA NA FLORESTA E ADORA COMER OS PEIXES QUE PESCA NO RIO.

- LAURA MORA EM UMA CIDADE E PREFERE COMER CARNE.

- JOSÉ MORA NO CAMPO E ADORA ANDAR A CAVALO.

- MARCOS VIVE NA CIDADE E BRINCA DE *SKATE* NO CONDOMÍNIO ONDE MORA.

- LETÍCIA GOSTA DE NATAÇÃO. ELA MORA PRÓXIMO AO MAR.

- EDUARDO APROVEITA OS PARQUES DA CIDADE PARA ANDAR DE BICICLETA.

 PARA IR MAIS LONGE

LIVROS

▸ *CINCO TROVINHAS PARA DUAS MÃOZINHAS*, DE TATIANA BELINKY. SÃO PAULO: EDITORA DO BRASIL, 2008.

HISTÓRIAS DO UNIVERSO INFANTIL CONTADAS POR MEIO DE TROVINHAS COM MUITAS RIMAS.

▸ *BRENO, O ESQUENTADINHO*, DE MAILZA DE FÁTIMA BARBOSA. SÃO PAULO: EDITORA DO BRASIL, 2011.

BRENO ERA UM MENINO QUE BRIGAVA POR QUALQUER MOTIVO, ATÉ QUE PERCEBEU QUE PODERIA MUDAR SEU COMPORTAMENTO SENDO MAIS TOLERANTE.

ATIVIDADES

1 PINTE AS COMIDAS DE QUE VOCÊ MAIS GOSTA.

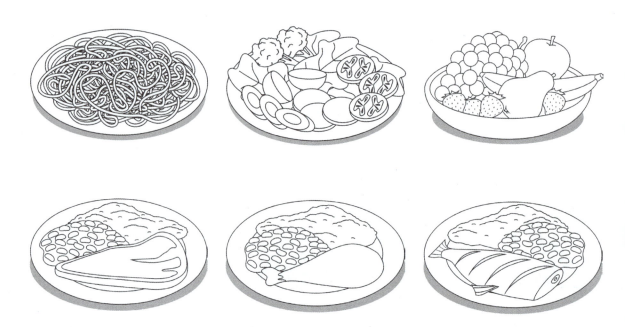

2 DESENHE UMA ATIVIDADE QUE VOCÊ GOSTA DE FAZER.

3 BRINCAR E SE DIVERTIR SÃO DIREITOS DE TODAS AS CRIANÇAS. OBSERVE OS LUGARES ONDE ESTAS CRIANÇAS ESTÃO BRINCANDO E SE DIVERTINDO.

▶ PRAIA DO MUNICÍPIO DE SÃO SEBASTIÃO, SÃO PAULO, 2013.

▶ PARQUE NA CIDADE DE SÃO PAULO, CAPITAL, 2013.

DESENHE UM LUGAR ONDE VOCÊ COSTUMA PASSEAR, BRINCAR OU SE DIVERTIR.

BRINCAR E APRENDER

1 ALGUMAS CRIANÇAS GOSTAM MUITO DE JOGAR FUTEBOL. VOCÊ TAMBÉM GOSTA?

O PRINCIPAL OBJETIVO DO FUTEBOL É MARCAR UM GOL. TRACE O CAMINHO MAIS CURTO QUE O JOGADOR FARÁ PARA MARCAR O GOL.

A) AGORA COPIE AS LETRAS QUE ESTÃO NESSE TRAJETO. QUE PALAVRA VOCÊ FORMOU?

_____

B) QUANTAS JOGADAS FORAM FEITAS ATÉ O GOL?

_____

REVENDO O QUE VOCÊ APRENDEU

1 OBSERVE AS PESSOAS DA IMAGEM E DEPOIS ESCREVA O NOME DELAS DE ACORDO COM A CARACTERÍSTICA INDICADA.

MÁRIO JÚLIA MARIA CECÍLIA BRUNO

A) SOU MENINO E GOSTO DE JOGAR FUTEBOL.
_____

B) SOU ALTA E RUIVA.
_____

C) SOU MORENA E USO ÓCULOS.
_____

D) SOU O MAIS BAIXO DO GRUPO.
_____

E) TENHO OLHOS VERDES E CABELO LOIRO.
_____

2 COPIE CADA PALAVRA DO QUADRO JUNTO DA IMAGEM COM A QUAL ELA SE RELACIONA.

| DORMINHOCO | ALEGRE | DESASTRADO |
| ESTUDIOSA | TÍMIDO | CARINHOSA |

A)

B)

C)

D)

E)

F)

CAPÍTULO 2 — OS ELEMENTOS QUE OBSERVO

DIÁLOGO INICIAL

1. O QUE VOCÊ OBSERVA NA PRIMEIRA IMAGEM?
2. O QUE VOCÊ OBSERVA NA SEGUNDA IMAGEM?
3. O LUGAR ONDE VOCÊ VIVE TEM MAIS ELEMENTOS SEMELHANTES AOS DA PRIMEIRA OU AOS DA SEGUNDA IMAGEM?

OS ELEMENTOS NATURAIS E CULTURAIS

EM ALGUNS LUGARES PODEMOS PERCEBER FLORES, ÁRVORES, RIOS E ANIMAIS. ESSES ELEMENTOS SÃO NATURAIS, ISTO É, FAZEM PARTE DA NATUREZA. OBSERVE UM LOCAL COM ELEMENTOS NATURAIS.

ASSIM COMO EXISTEM ELEMENTOS QUE FAZEM PARTE DA NATUREZA, HÁ AQUELES QUE FORAM CRIADOS PELAS PESSOAS, OS QUAIS SÃO CHAMADOS DE ELEMENTOS CULTURAIS. OBSERVE:

BRINCAR E APRENDER

1 VAMOS ACHAR O ELEMENTO INTRUSO? ENCONTRE O ELEMENTO CULTURAL QUE NÃO FAZ PARTE DO LOCAL DESENHADO.

2 VAMOS BRINCAR DE JOGO DAS SOMBRAS? DESTAQUE A PÁGINA 133 E COLE-A EM UM PEDAÇO DE CARTOLINA. DEIXE SECAR E EM SEGUIDA RECORTE AS IMAGENS. VIRE AS PEÇAS COM O DESENHO PARA BAIXO. VIRE DUAS PEÇAS DE CADA VEZ. O OBJETIVO É FORMAR UM PAR DA FIGURA COM A SOMBRA. SE ACERTAR, RETIRE ESSAS PEÇAS DO JOGO. SE ERRAR, VOLTE AS PEÇAS PARA O JOGO E TENTE NOVAMENTE.

ATIVIDADES

1 PINTE OS DESENHOS QUE REPRESENTAM ELEMENTOS CULTURAIS.

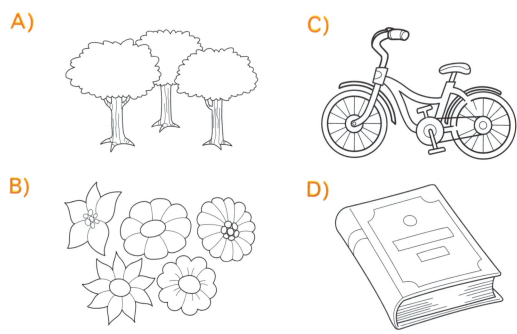

2 CUBRA OS PONTILHADOS E DESCUBRA UM ELEMENTO NATURAL.

A)

LOCALIZANDO OS ELEMENTOS QUE OBSERVO

QUANDO OBSERVAMOS ALGUM ELEMENTO, PODEMOS VER COMO ELE FOI COLOCADO ONDE ESTÁ, ISTO É, QUAL É SUA POSIÇÃO. OBSERVE.

O TAPETE ESTÁ **EMBAIXO** DA MESA.

A TELEVISÃO ESTÁ **À FRENTE** DO MENINO.

O ÔNIBUS ESTÁ **ATRÁS** DO CARRO.

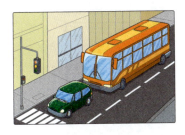

A BORBOLETA ESTÁ **EM CIMA** DA FLOR.

O CADERNO ESTÁ **PERTO** DO LÁPIS.

A JANELA ESTÁ **LONGE** DA MOCHILA.

AS PALAVRAS **À FRENTE, ATRÁS, PERTO, LONGE, EM CIMA, EMBAIXO** FAZEM PARTE DE NOSSO DIA A DIA.

NORMALMENTE, ELAS SÃO USADAS QUANDO É NECESSÁRIO INDICAR A DIREÇÃO OU POSIÇÃO DE ALGO OU ALGUÉM.

ATIVIDADES

1 LEIA A HISTÓRIA EM QUADRINHOS E DEPOIS FAÇA O QUE SE PEDE.

A) PINTE AS ★ QUE INDICAM O QUE ACONTECEU NA HISTÓRIA DO CEBOLINHA.

- ☆ NA FRENTE DA PORTA HAVIA UM TAPETE.
- ☆ EM CIMA DO TAPETE HÁ UM AVISO COM A FRASE: "LIMPE OS PÉS".
- ☆ OS SAPATOS DO CEBOLINHA FICARAM LIMPOS.

B) MARQUE UM **X** NA RESPOSTA CORRETA.

◆ NO PRIMEIRO QUADRINHO, A CASA DO CEBOLINHA ESTÁ:

◯ NA FRENTE DELE.   ◯ ATRÁS DELE.   ◯ AO LADO DELE.

◆ NO TERCEIRO QUADRINHO, A CASA DO CEBOLINHA ESTÁ:

◯ NA FRENTE DELE.   ◯ ATRÁS DELE.   ◯ AO LADO DELE.

2 OBSERVE A CARTEIRA DE LUIZA E A DOS COLEGAS. PINTE AS CARTEIRAS SEGUINDO AS INDICAÇÕES.

A) DE **VERMELHO** A CARTEIRA QUE ESTIVER NA FRENTE DE LUIZA;

B) DE **AZUL** A CARTEIRA QUE ESTIVER AO LADO DE LUIZA;

C) DE **VERDE** A CARTEIRA QUE ESTIVER ATRÁS DE LUIZA.

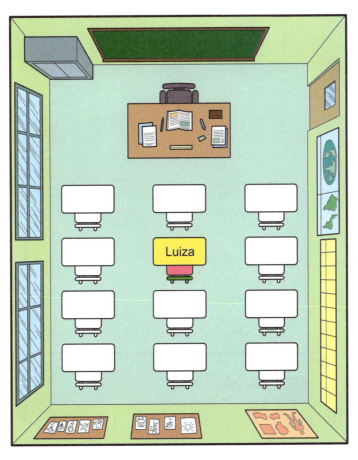

BAÚ DE INFORMAÇÕES

1 VOCÊ SABE INDICAR AS DIREÇÕES? PARA FAZER ISSO VOCÊ PRECISA RECONHECER A DIREITA E A ESQUERDA.

MÃO ESQUERDA.   MÃO DIREITA.

OBSERVE SUAS MÃOS E RELACIONE-AS COM OS DESENHOS.

2 ESCOLHA UMA DE SUAS MÃOS E CONTORNE-A NO ESPAÇO A SEGUIR.

◆ ESTA É A MINHA MÃO:
☐ DIREITA.   ☐ ESQUERDA.

BRINCAR E APRENDER

QUE TAL PARTICIPAR DE UMA BRINCADEIRA?

1 VAMOS BRINCAR DE **SIGA O MESTRE**. PEGUE UMA ESPONJA (SE NÃO TIVER UMA, SUBSTITUA-A POR UMA FOLHA DE PAPEL) E FINJA QUE ESTÁ TOMANDO BANHO. SIGA OS COMANDOS DO PROFESSOR E "LAVE" O QUE ELE INDICAR.

A) EM CIMA DA CABEÇA.
B) A PARTE DE TRÁS DA CABEÇA.
C) O OMBRO E O BRAÇO DIREITOS.
D) O OMBRO E O BRAÇO ESQUERDOS.
E) A PARTE DE FRENTE DO CORPO (PEITO E BARRIGA).
F) A PARTE DE TRÁS DO CORPO (COSTAS).
G) A PERNA ESQUERDA.
H) A PERNA DIREITA.
I) OS DEDOS DA MÃO DIREITA.
J) OS DEDOS DA MÃO ESQUERDA.

OBSERVANDO E REPRESENTANDO O QUE ESTÁ AO NOSSO REDOR

OS OBJETOS E OS LOCAIS PODEM SER OBSERVADOS DE DIFERENTES PONTOS DE VISTA. AO VISUALIZAR O MESMO OBJETO OU LOCAL, ELE SE APRESENTA DE MANEIRA DIFERENTE, DE ACORDO COM A POSIÇÃO DO OBSERVADOR.

OBSERVE AS IMAGENS A SEGUIR E VERIFIQUE QUE A MANEIRA DE VER O CESTO DE LIXO VARIA DE ACORDO COM A POSIÇÃO EM QUE O OBSERVADOR SE ENCONTRA.

▸ FRONTAL (DE FRENTE).

▸ OBLÍQUA (DE FRENTE E DE CIMA).

▸ VERTICAL (DE CIMA).

QUANDO DESENHAMOS, PODEMOS REPRESENTAR AS PESSOAS OU OS OBJETOS COM O TAMANHO REAL DELES OU FAZÊ-LOS MAIOR OU MENOR.

OBSERVE.

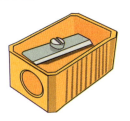

ATIVIDADES

1 LIGUE AS IMAGENS A SEUS CONTORNOS COM DIFERENTES TIPOS DE VISÃO.

2 ESCOLHA UM OBJETO E DESENHE-O EM TAMANHO MENOR QUE O REAL.

3 AJUDE A MENINA A ENCONTRAR O MAIOR E O MENOR DOS LIVROS. DEPOIS:

A) CIRCULE O MAIOR;

B) FAÇA UM **X** NO MENOR.

4 DESENHE SUA MÃO DIREITA EM TAMANHO REAL E EM TAMANHO REDUZIDO.

5 DESENHE SUA MÃO ESQUERDA EM TAMANHO REAL E EM TAMANHO REDUZIDO.

REVENDO O QUE VOCÊ APRENDEU

1 DESENHE UM ELEMENTO NATURAL E UM ELEMENTO CULTURAL.

NATURAL

CULTURAL

2 OBSERVE OS BRINQUEDOS DO PARQUE.

A) CIRCULE O BRINQUEDO QUE VOCÊ VÊ À DIREITA DO MENINO.

B) MARQUE UM **X** NO BRINQUEDO QUE VOCÊ VÊ À ESQUERDA DELE.

C) QUAL BRINQUEDO ESTÁ NA FRENTE DO MENINO?
- ☐ ESCORREGADOR.
- ☐ BALANÇO.
- ☐ GIRA-GIRA.
- ☐ TREPA-TREPA.

D) QUAL BRINQUEDO ESTÁ ATRÁS DO MENINO?
- ☐ ESCORREGADOR.
- ☐ BALANÇO.
- ☐ GIRA-GIRA.
- ☐ TREPA-TREPA.

CAPÍTULO 3
UM LUGAR PARA MORAR

DIÁLOGO INICIAL

1. NA ILUSTRAÇÃO ACIMA ESTÃO REPRESENTADOS PERSONAGENS DE UMA HISTÓRIA INFANTIL. QUEM SÃO ELES?

2. VOCÊ CONHECE A HISTÓRIA DELES? CONTE PARA OS COLEGAS.

3. CADA UM DOS PERSONAGENS TEM UM LUGAR PARA MORAR E CADA UMA DAS MORADIAS FOI CONSTRUÍDA COM UM TIPO DE MATERIAL. QUAIS FORAM OS MATERIAIS USADOS?

DIFERENTES TIPOS DE MORADIA

TODAS AS PESSOAS PRECISAM DE UM LUGAR PARA MORAR. ESSE LUGAR DEVE PROTEGÊ-LAS DO SOL, DA CHUVA, DO VENTO E DO FRIO.

AS MORADIAS PODEM SER GRANDES OU PEQUENAS, DE DIFERENTES MODELOS E CONSTRUÍDAS COM DIFERENTES MATERIAIS. TAMBÉM PODEM ESTAR EM DIFERENTES LUGARES.

OBSERVE:

- CASA TÉRREA: CONSTRUÇÃO COM UM ANDAR.

- SOBRADO, OU SEJA, CONSTRUÇÃO COM MAIS DE UM PISO OU ANDAR ACIMA DO TÉRREO.

▶ PIRAJU, SÃO PAULO, 2014.

▶ SÃO PAULO, SÃO PAULO, 2014.

- EDIFÍCIO: CONSTRUÇÃO COM MAIS DE DOIS ANDARES.

▶ SÃO PAULO, SÃO PAULO, 2014.

- MORADIAS EM CIMA DE LOJAS COMERCIAIS.

▶ SÃO PAULO, SÃO PAULO, 2014.

- PALAFITAS, QUE SÃO MORADIAS CONSTRUÍDAS SOBRE ESTACAS, NA BEIRA DOS RIOS.

▶ IRANDUBA, AMAZONAS, 2015.

- OCAS, QUE SÃO MORADIAS INDÍGENAS FEITAS COM MADEIRA E PALHA.

▶ CANARANA, MATO GROSSO, 2014.

VALORES E VIVÊNCIAS

A MORADIA É O LUGAR ONDE VIVEMOS, TOMAMOS BANHO, DORMIMOS, NOS DIVERTIMOS, RECEBEMOS OS AMIGOS, FAZEMOS AS REFEIÇÕES...
TER UMA MORADIA É UM DIREITO DE TODAS AS PESSOAS.

ATIVIDADES

1 CIRCULE O DESENHO QUE MAIS SE PARECE COM SUA MORADIA.

2 PINTE OS ⬚ QUE INDICAM AS ATIVIDADES QUE VOCÊ FAZ EM SUA CASA.

A) ⬚ TOMO BANHO.

B) ⬚ FAÇO AS REFEIÇÕES.

C) ⬚ AJUDO NA ORGANIZAÇÃO.

D) ⬚ FAÇO AS LIÇÕES.

E) ⬚ CORTO O CABELO.

F) ⬚  RECEBO VISITAS.

G) ⬚ PLANTO VERDURAS.

H) ⬚ DURMO.

3 O PROFESSOR VAI LER ESTE TEXTO PARA VOCÊ. DEPOIS, LIGUE O NOME DO DONO À SUA CASA.

NA MINHA RUA TEM CASAS TÉRREAS, QUE SÃO BAIXINHAS COMO A DA TEREZINHA. E TEM CASAS ALTAS, COMO A DO CATAPIMBA, QUE TEM ESCADA DENTRO E CHAMA SOBRADO. E TEM A CASA DO ZECA, QUE FICA EM CIMA DA PADARIA. E TEM O PRÉDIO ONDE MORA O ALVINHO, QUE É BEM ALTO E TEM ELEVADOR.

RUTH ROCHA. *A RUA DO MARCELO*. SÃO PAULO: SALAMANDRA, 2001.

A) ALVINHO

B) CATAPIMBA

C) ZECA

D) TEREZINHA

CARTOGRAFIA

1 OBSERVE A IMAGEM E RESPONDA ÀS QUESTÕES ORALMENTE.

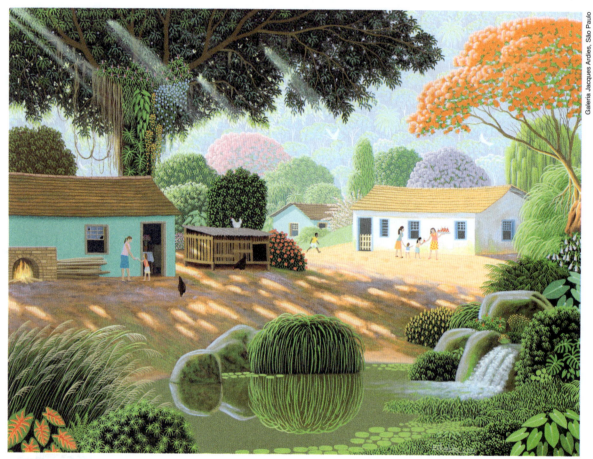

▶ EDIVALDO BARBOSA DE SOUZA. *VENDEDORA DE MAÇÃ DO AMOR.* ACRÍLICO SOBRE TELA, 60 × 80 CM.

A) QUANTAS CASAS ESTÃO RETRATADAS NESSA IMAGEM?

B) O QUE ESTÁ NA FRENTE DA CASA BRANCA?

C) O GALINHEIRO É MAIOR OU MENOR QUE AS CASAS?

D) HÁ UMA GRANDE ÁRVORE À ESQUERDA DA IMAGEM. ELA ESTÁ NA FRENTE OU ATRÁS DA CASA VERDE?

E) HÁ UMA GALINHA BRANCA NA IMAGEM. ONDE ELA ESTÁ?

BRINCAR E APRENDER

1 OBSERVE OS DESENHOS E COMPLETE-OS DE MODO QUE TODOS FIQUEM IGUAIS AO PRIMEIRO.

PARA IR MAIS LONGE

LIVRO

▶ *CADA CASA CASA COM CADA UM*, DE ELLEN PESTILI. SÃO PAULO: EDITORA DO BRASIL, 2014.

CADA UM TEM SUA MORADIA, SEJA ELA GRANDE, PEQUENA, DE MADEIRA, PERTO DA ÁRVORE OU NA LAGOA. O QUE IMPORTA É QUE TODOS SE SINTAM BEM ONDE VIVEM.

2 RECORTE OS DESENHOS QUE ESTÃO NA PÁGINA 135. COLE-OS EM UMA FOLHA DE PAPEL MONTANDO UMA CASA. EXPONHA SEU TRABALHO NO MURAL DA SALA DE AULA.

OLHO VIVO!

TENHA MUITO CUIDADO AO RECORTAR OS DESENHOS. UTILIZE SEMPRE TESOURA SEM PONTA E, SE PRECISO, PEÇA A AJUDA DE UM ADULTO.

BAÚ DE INFORMAÇÕES

HÁ MUITO TEMPO, AS PESSOAS OCUPAVAM CAVERNAS PARA SE PROTEGER DO FRIO, DA CHUVA E DE ALGUNS ANIMAIS.

SABEMOS DISSO PORQUE ESSAS PESSOAS COSTUMAVAM DESENHAR E PINTAR NA PAREDE DAS CAVERNAS CENAS DE SUA VIDA. MUITAS DESSAS PINTURAS RESISTIRAM AO TEMPO E AINDA HOJE PODEM SER VISTAS.

▶ PINTURA RUPESTRE, FEITA CERCA DE 6 MIL ANOS ATRÁS. PARQUE NACIONAL DA SERRA DA CAPIVARA, PIAUÍ, 2000.

◈ POR DENTRO DE UMA CASA

AS MORADIAS SÃO, GERALMENTE, DIVIDIDAS EM CÔMODOS. CADA CÔMODO TEM UMA FUNÇÃO.

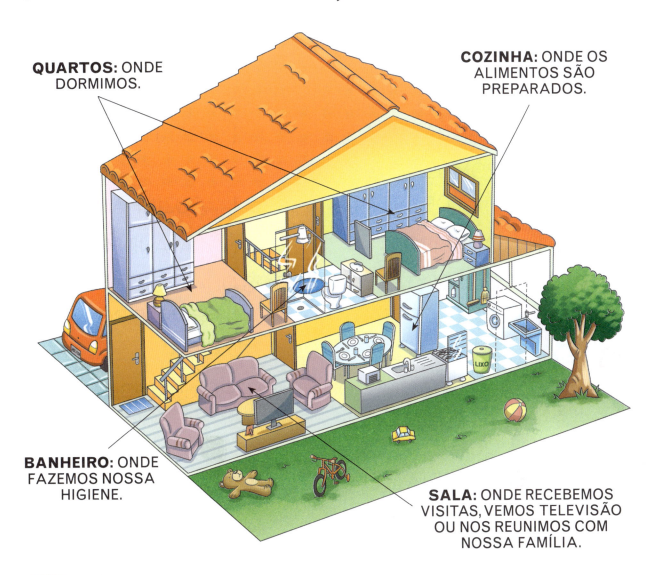

QUARTOS: ONDE DORMIMOS.

COZINHA: ONDE OS ALIMENTOS SÃO PREPARADOS.

BANHEIRO: ONDE FAZEMOS NOSSA HIGIENE.

SALA: ONDE RECEBEMOS VISITAS, VEMOS TELEVISÃO OU NOS REUNIMOS COM NOSSA FAMÍLIA.

 PARA IR MAIS LONGE

LIVRO

▶ *A CASINHA DE BRINCAR DA NINOCA*, DE LUCY COUSINS. SÃO PAULO: ÁTICA, 2008.

UM LIVRO DIFERENTE, NO QUAL, AO SER ABERTO, SURGE UMA CASA DE DOIS ANDARES COM OS CÔMODOS MOBILIADOS.

ATIVIDADES

1 OBSERVANDO O DESENHO DA PÁGINA 47, RESPONDA:

A) QUANTOS CÔMODOS HÁ NESSA MORADIA?

_____

B) QUAL CÔMODO É MENOR?
- ☐ QUARTO DE CASAL
- ☐ BANHEIRO

C) QUAL CÔMODO É MAIOR?
- ☐ SALA DE ESTAR
- ☐ COZINHA
- ☐ BANHEIRO
- ☐ LAVANDERIA

D) QUAL CÔMODO ESTÁ ENTRE OS QUARTOS?
- ☐ SALA DE ESTAR
- ☐ BANHEIRO

2 OBSERVE A LEGENDA E PINTE OS QUADRINHOS ASSOCIANDO O MÓVEL OU OBJETO AO CÔMODO ONDE ELE DEVE ESTAR.

- 🟦 QUARTO
- 🟩 SALA
- 🟥 COZINHA
- 🟨 BANHEIRO

A) ☐

B) ☐

C) ☐

D) ☐

E) ☐

F) ☐

REVENDO O QUE VOCÊ APRENDEU

1 ASSINALE A PALAVRA QUE SUBSTITUI O DESENHO.

A) TODAS AS PESSOAS PRECISAM DE UM LUGAR PARA MORAR. ESSE LUGAR É A:

- ☐ MESA.
- ☐ ESCOLA.
- ☐ MORADIA.

B) UMA DAS MORADIAS DOS INDÍGENAS É CHAMADA DE:

- ☐ OCA.
- ☐ CANOA.
- ☐ ESCADA.

C) UM DOS ABRIGOS USADOS PELOS PRIMEIROS SERES HUMANOS PARA SE PROTEGER DO FRIO ERA:

- ☐ A LOJA.
- ☐ A CAVERNA.
- ☐ O SOBRADO.

2 ESCREVA NOS QUADRADINHOS **S** SE FOR SOBRADO, **T** SE FOR UMA MORADIA TÉRREA E **E** SE FOR UM EDIFÍCIO.

A)
▶ ITAMOGI, MINAS GERAIS, 2014.

B)
▶ ARAGUARI, MINAS GERAIS, 2015.

C)
▶ CURITIBA, PARANÁ, 2014.

3 OBSERVE O DESENHO E FAÇA O QUE SE PEDE.

A) RESPONDA: QUE PARTE DA CASA ESTÁ REPRESENTADA?

_____.

B) DESCUBRA E CIRCULE NO DESENHO AS FIGURAS INTROMETIDAS, OU SEJA, AQUELAS QUE NÃO ESTÃO NO LOCAL CORRETO.

C) COMPLETE: AS FIGURAS INTROMETIDAS DEVERIAM ESTAR NO _____.

4 LIGUE O CÔMODO À SUA FUNÇÃO.

A) QUARTO   ◆ CUIDAR DA HIGIENE PESSOAL.
B) COZINHA ◆ VER TELEVISÃO.
C) BANHEIRO ◆ DORMIR.
D) SALA   ◆ PREPARAR ALIMENTOS.

CAPÍTULO 4
UM LUGAR PARA ESTUDAR

DIÁLOGO INICIAL

1. RELATE ORALMENTE A HISTÓRIA ACIMA.
2. CONTE PARA OS COLEGAS COMO FOI SEU PRIMEIRO DIA DE AULA.
3. AGORA VOCÊ JÁ FREQUENTA A ESCOLA HÁ ALGUM TEMPO. A ESCOLA É COMO VOCÊ IMAGINAVA? DO QUE VOCÊ MAIS GOSTA NELA?

❖ A IMPORTÂNCIA DA ESCOLA

NA ESCOLA VOCÊ CONVIVE COM OUTRAS CRIANÇAS E FAZ NOVOS AMIGOS. ALÉM DISSO, A ESCOLA É UM LUGAR DE APRENDIZAGEM E CRESCIMENTO. AS LEIS BRASILEIRAS DIZEM QUE TODAS AS CRIANÇAS COM IDADE ENTRE 6 E 14 ANOS DEVEM FREQUENTAR A ESCOLA. A EDUCAÇÃO É UM DIREITO DE TODOS.

▶ ESCOLA EM SÃO PAULO, CAPITAL, 2009.

▶ ESCOLA EM BOA VISTA, RORAIMA, 2010.

PARA IR MAIS LONGE

LIVROS

▶ *SAMIRA NÃO QUER IR À ESCOLA*, DE CHRISTIAN LAMBLIN. SÃO PAULO: ÁTICA, 2004.

UMA MENINA QUE NÃO GOSTA DE ASSISTIR ÀS AULAS DESCOBRE COMO É BOM ESTAR NA ESCOLA.

▶ *EU SOU MUITO PEQUENA PARA A ESCOLA*, DE LAUREN CHILD. SÃO PAULO: ÁTICA, 2007.

O LIVRO CONTA A HISTÓRIA DE UMA MENINA QUE SE CONSIDERA PEQUENA PARA IR À ESCOLA.

PARA QUE A ESCOLA FUNCIONE CORRETAMENTE, VÁRIOS PROFISSIONAIS TRABALHAM NELA: PROFESSORES E PROFESSORAS, DIRETOR OU DIRETORA, SECRETÁRIO OU SECRETÁRIA ESCOLAR, AUXILIARES DE LIMPEZA, ENTRE OUTROS.

NA ESCOLA É NECESSÁRIO TAMBÉM ESTABELECER UMA ROTINA PARA FUNCIONÁRIOS E ALUNOS, COMO: HORÁRIO PARA A CHEGADA E A SAÍDA, PARA A REALIZAÇÃO DAS ATIVIDADES, PARA LANCHAR E BRINCAR NO RECREIO.

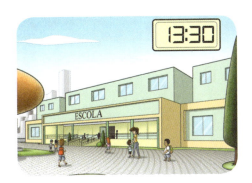

ATIVIDADES

1 COM O AUXÍLIO DO PROFESSOR, MARQUE A RESPOSTA QUE COMPLETA CORRETAMENTE A FRASE:

NA ESCOLA APRENDEMOS:

A) ☐ A LER, ESCREVER E CONTAR.

B) ☐ AS COISAS QUE JÁ SABEMOS.

2 PARA SABER COMO É A ROTINA DE SUA SALA DE AULA, ESCREVA UM **X** NAS CENAS QUE INDICAM O QUE ACONTECE ANTES DO RECREIO.

A)

C)

B)

D)

3 CONTE PARA OS COLEGAS O QUE VOCÊ MAIS GOSTA DE FAZER NA ESCOLA.

◈ DIFERENTES ESCOLAS

A CONSTRUÇÃO DE UMA ESCOLA DEPENDE DAS CARACTERÍSTICAS DO LUGAR ONDE ELA SERÁ CONSTRUÍDA; POR EXEMPLO, ALGUMAS REGIÕES SÃO MAIS QUENTES OU MAIS FRIAS QUE OUTRAS, E ALGUNS TERRENOS SÃO PLANOS, ENQUANTO OUTROS SÃO INCLINADOS.

▶ ESCOLA COM CORREDOR AMPLO NA CIDADE DE SÃO CAETANO DO SUL, SÃO PAULO, 2015.

▶ ESCOLA CONSTRUÍDA EM PARAÍSO DO SUL, RIO GRANDE DO SUL, 2013.

- ALGUMAS ESCOLAS TÊM MAIOR NÚMERO DE EQUIPAMENTOS E MATERIAIS PARA O PROFESSOR E OS ALUNOS.

▶ ESCOLA RURAL EM TAMBORIL, CEARÁ, 2013.

▶ ESCOLA NA CIDADE DE SÃO PAULO, SÃO PAULO, 2013.

- EXISTEM ESCOLAS ADEQUADAS PARA ATENDER ÀS NECESSIDADES DE DETERMINADA COMUNIDADE OU POVO, COMO ALGUMAS ESCOLAS CONSTRUÍDAS EM ALDEIAS INDÍGENAS.

▶ ESCOLA INDÍGENA EM MANAUS, AMAZONAS, 2014.

BAÚ DE INFORMAÇÕES

AS ESCOLAS INDÍGENAS SÃO DIFERENTES DAS QUE CONHECEMOS. NELAS OS ALUNOS TÊM AULAS EM MAIS DE UMA LÍNGUA E TRATAM DE ASSUNTOS COMO PLANTIO, COLHEITA, ARTESANATO E PESCA.

ATIVIDADES

1 COMPLETE A FRASE ORALMENTE, TROCANDO OS DESENHOS PELAS SÍLABAS CORRESPONDENTES A ELES.

AS ESCOLAS SÃO DIFERENTES NO

DAS CONSTRUÇÕES, NOS  E

EQUIPAMENTOS. OUTRA DIFERENÇA É DECORRENTE

DOS  ONDE FORAM CONSTRUÍDAS.

2 EM UMA FOLHA AVULSA, DESENHE O PRÉDIO DE SUA ESCOLA VISTO DE FRENTE. DEPOIS, PINTE O DESENHO E EXPONHA-O NO MURAL DA SALA DE AULA.

3 VAMOS CONHECER MELHOR NOSSA ESCOLA. PARA ISSO, OBSERVE COM O PROFESSOR O AMBIENTE ESCOLAR E EM SEGUIDA FAÇA AS ATIVIDADES PROPOSTAS.

A) PINTE DE **VERDE** A FOTOGRAFIA QUE REPRESENTA ALGO QUE EXISTE NA SUA ESCOLA E DE **VERMELHO** O QUE NÃO EXISTE NELA.

▶ BIBLIOTECA.

▶ SALA DOS PROFESSORES.

▶ TANQUE DE AREIA.

▶ LABORATÓRIO DE INFORMÁTICA.

▶ QUADRA POLIESPORTIVA.

▶ PARQUINHO.

▶ CANTINA.

B) PINTE OS ELEMENTOS QUE TAMBÉM EXISTEM NA SUA ESCOLA.

4 PINTE OS QUADRADINHOS ABAIXO PARA INDICAR O NÚMERO DE BANHEIROS E DE SALAS DE AULA QUE EXISTEM NA SUA ESCOLA.

A) BANHEIROS

B) SALAS DE AULA

☐☐☐☐☐☐☐☐☐☐

5 DESENHE ALGUM ELEMENTO QUE SE DESTACA AO REDOR DA SUA ESCOLA.

A SALA DE AULA

É NA SALA DE AULA QUE OS ALUNOS PASSAM A MAIOR PARTE DO TEMPO QUANDO ESTÃO NA ESCOLA. NELA FICAM OS ALUNOS E O PROFESSOR OU A PROFESSORA.

EXISTEM SALAS DE AULA AMPLAS E OUTRAS PEQUENAS. É MUITO IMPORTANTE QUE ESSE ESPAÇO ESTEJA ORGANIZADO PARA QUE VOCÊ POSSA APRENDER. OBSERVE ALGUMAS FORMAS DE ORGANIZAÇÃO DO ESPAÇO DA SALA DE AULA.

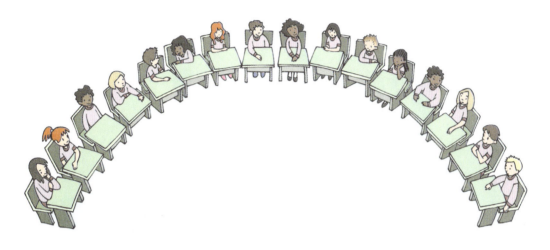

- EM UM SEMICÍRCULO.

- EM FILEIRAS.

- EM EQUIPES DE TRABALHO.

- EM DUPLAS.

VALORES E VIVÊNCIAS

SOMOS RESPONSÁVEIS PELO AMBIENTE QUE COMPARTILHAMOS COM OS OUTROS. DEVEMOS CUIDAR DOS MATERIAIS DA ESCOLA MANTENDO-OS ORGANIZADOS E LIMPOS.

BRINCAR E APRENDER

1 ESTAS DUAS SALAS DE AULA PARECEM IGUAIS, MAS HÁ SETE DIFERENÇAS ENTRE ELAS. PROCURE-AS NO SEGUNDO DESENHO E FAÇA UM **X** QUANDO ENCONTRÁ-LAS.

ATIVIDADES

1 FORME UMA EQUIPE COM ALGUNS COLEGAS E, JUNTOS, UTILIZANDO MATERIAIS RECICLÁVEIS, COMO CAIXAS DE FÓSFORO, DE REMÉDIO E DE GELATINA, REPRESENTEM COMO PODEM ESTAR DISPOSTAS AS CARTEIRAS E A MESA DO PROFESSOR EM UMA SALA DE AULA. CADA GRUPO DEVE APRESENTAR UM TIPO DE ORGANIZAÇÃO.

2 PINTE A 🙂 QUANDO AS ATITUDES ESTÃO CORRETAS NO QUE SE REFERE AO ESPAÇO DA SALA DE AULA.

A) 🙂 MANTER A SALA DE AULA LIMPA.

B) 🙂 CONSERVAR OS MÓVEIS E OBJETOS.

C) 🙂 RESPEITAR OS COLEGAS E O PROFESSOR.

D) 🙂 QUANDO NECESSÁRIO, AJUDAR OS COLEGAS EM SUAS TAREFAS.

3 EM UMA SALA DE AULA ESTUDAM VÁRIOS ALUNOS. PINTE OS QUADRADINHOS PARA REPRESENTAR A QUANTIDADE DE MENINOS E DE MENINAS EM SUA SALA DE AULA.

TOTAL = ☐

REVENDO O QUE VOCÊ APRENDEU

1 ESCREVA **C** PARA CERTO E **E** PARA ERRADO NAS AFIRMAÇÕES.

A) ☐ A ESCOLA É O LUGAR ONDE APRENDEMOS A LER E ESCREVER.

B) ☐ EM NOSSO PAÍS, O ENSINO É OBRIGATÓRIO DOS 6 AOS 14 ANOS.

C) ☐ AS ESCOLAS PODEM APRESENTAR DIFERENÇAS QUANTO AO TAMANHO, PRESENÇA DE ALGUNS EQUIPAMENTOS E LUGAR ONDE ESTÃO SITUADAS.

D) ☐ AS SALAS DE AULA APRESENTAM SEMPRE A MESMA ORGANIZAÇÃO.

E) ☐ NÃO PRECISO ESTAR ATENTO PARA APRENDER.

F) ☐ AS SALAS DE AULA PODEM ESTAR ORGANIZADAS PARA O TRABALHO EM EQUIPE.

G) ☐ MANTER A SALA DE AULA LIMPA E CONSERVAR OS MÓVEIS E EQUIPAMENTOS COLABORAM PARA UM BOM AMBIENTE DE APRENDIZAGEM.

H) ☐ APENAS OS PROFESSORES E FUNCIONÁRIOS DEVEM CUIDAR DOS MATERIAIS DA ESCOLA.

I) ☐ NA ESCOLA, ALÉM DE APRENDER MUITAS COISAS, POSSO FAZER VÁRIOS AMIGOS.

J) ☐ EXISTEM ESCOLAS ADEQUADAS PARA ALGUNS POVOS E COMUNIDADES, COMO AS ESCOLAS INDÍGENAS.

K) ☐ TODAS AS ESCOLAS SÃO IGUAIS.

2 LIGUE AS PARTES DA ESCOLA REPRESENTADAS ABAIXO AO NOME CORRETO.

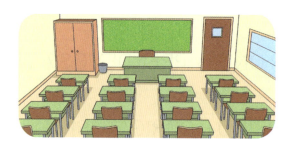

◆ BIBLIOTECA

◆ CANTINA

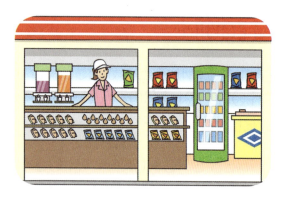

◆ QUADRA

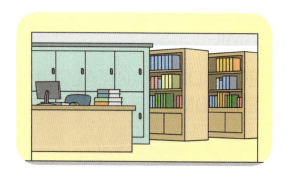

◆ SALA DE AULA

CAPÍTULO 5
Observando caminhos

Diálogo inicial

 Crianças no caminho para a escola em São Paulo, Capital, 2013.

▶ Crianças no caminho para a escola em Casa Nova, na Bahia, 2014.

1 O que você observa nas imagens?

2 O que você observa de diferente entre os caminhos apresentados pelas fotografias?

3 O caminho que você percorre para ir à escola tem alguma semelhança com os caminhos mostrados nas imagens? Em quê?

Diferentes caminhos

Nas fotografias da página anterior, você observou diferenças no percurso que os grupos de crianças fazem quando vão de casa até a escola. Você também percorre um caminho para chegar até o local onde estuda, e pode observar o vaivém de pessoas e veículos.

Existem caminhos que são mais movimentados, por exemplo, algumas ruas mais largas e extensas.

▶ Avenida no centro da cidade de Sorocaba, São Paulo, 2014.

Outros caminhos são mais estreitos.

▶ Rua no centro da cidade de São João del-Rei, Minas Gerais, 2013.

Existem caminhos cobertos por asfalto para facilitar a circulação de pessoas e veículos. Outros podem, ainda, ser recobertos por pedras ou terra batida.

▶ Rua asfaltada no centro da cidade de Porto Alegre, Rio Grande do Sul, 2014.

▶ Rua recoberta por paralelepípedos na cidade de São Francisco do Sul, Santa Catarina, 2013.

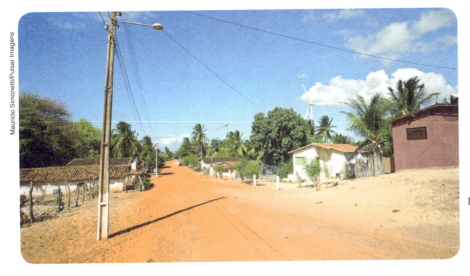

▶ Rua de terra na cidade de São Miguel do Gostoso, Rio Grande do Norte, 2015.

Algumas ruas têm a superfície muito inclinada. Tanto que, em alguns casos, elas têm até escada para facilitar o acesso dos moradores. Em locais mais planos, os caminhos apresentam-se sem inclinações.

▶ Rua inclinada na cidade de Cravinhos, São Paulo, 2015.

▶ Rua plana na cidade de Goiânia, Goiás, 2014.

Há vias de circulação que são utilizadas somente pelas pessoas. Nelas é proibida a circulação de veículos. Podem ser chamadas de calçadões.

▶ Calçadão na orla da praia fluvial de Ponta Negra. Manaus, Amazonas, 2014.

Em alguns lugares, as pessoas utilizam os rios como caminhos para poder se deslocar. Canoas, barcos e balsas auxiliam nesse deslocamento. É o que podemos perceber por meio da leitura do texto a seguir.

Júlia Nascimento, 13 anos, e Andreia Dias, 12 anos, acordam às 6h. Como muitas crianças de mesma idade, preparam-se para ir à escola. Presilha no cabelo e mochilas nas costas, seguem para o píer da praia onde moram, em Matariz, uma comunidade costeira em Ilha Grande, em Angra dos Reis. Lá, esperam com mais 20 crianças o barco-escola para levá-las até o colégio onde cursam a 5ª série do ensino fundamental.

Crianças de Angra dos Reis enfrentam até três horas de barco para ir à escola. *EcoDebate: Cidadania & Meio Ambiente*, publicado em 14 dez. 2009. Disponível em: <www.ecodebate.com.br/2009/12/14/criancas-de-angra-dos-reis-enfrentam-ate-tres-horas-de-barco-para-ir-a-escola>. Acesso em: jul. 2015.

▶ Lancha de transporte escolar no Rio Madeira, Porto Velho, Rondônia, 2009.

▶ Balsa transportando ônibus escolar no Rio Ribeira de Iguape, Eldorado, São Paulo, 2013.

Brincar e aprender

1 Qual das crianças chegará primeiro à escola? Qual é o menor trajeto a ser percorrido?

Para ir mais longe

Livro

▶ *A caminho da escola*, de Fabia Terni. São Paulo: Studio Nobel, 1997.

O livro conta os diferentes caminhos que crianças de várias regiões do Brasil percorrem para chegar à escola e de que modo fazem isso.

Atividades

1 Marque um **X** na resposta que indica como é o caminho que você faz de casa até a escola.

a) O trajeto que você faz é:
- ☐ longo.
- ☐ curto.

b) Esse caminho é:
- ☐ largo.
- ☐ estreito.

c) Quanto à presença de veículos e pessoas, existe:
- ☐ muito movimento.
- ☐ pouco movimento.

d) Você faz esse trajeto:
- ☐ sozinho.
- ☐ acompanhado.

e) Você faz esse trajeto:
- ☐ a pé.
- ☐ em um veículo.

f) Esse caminho é recoberto por:
- ☐ asfalto.
- ☐ pedras.
- ☐ terra batida.
- ☐ água.

2 Desenhe um elemento que você observa no caminho de casa para a escola e que chama sua atenção.

◆ Observando paisagens nos caminhos

Além de pessoas e veículos, existem outros elementos no caminho de casa até a escola.

Em alguns caminhos existem muitos elementos que fazem parte da natureza, como as árvores e as flores. São os elementos naturais. Em outros caminhos há muitos elementos que foram feitos pelas pessoas, como as casas, os muros e os postes. São os elementos culturais. Observe:

▶ Paraty, Rio de Janeiro, 2015.

▶ São Paulo, São Paulo, 2014.

As paisagens observadas mostram a diferença entre os lugares. Nas paisagens naturais predominam muitos elementos da natureza.

Já as paisagens com maior número de elementos construídos pelos seres humanos são chamadas de paisagens culturais.

Brincar e aprender

1 Observe bem a imagem e descubra qual é o local correto para colocar cada uma das partes que completam o desenho.

▸ Barbara Rochlitz. *Paisagem entre árvores*, 2010. Óleo sobre tela, 30 × 40 cm.

a)

b)

c)

Cartografia

Podemos registrar os caminhos que percorremos. Esses registros nos ajudam a conhecer melhor os espaços ocupados pelas pessoas. Isso pode ser feito por meio de fotografias, desenhos, registros escritos e filmagens.

1 Desenhe aqui um dos trajetos que você costuma percorrer.

2 Complete:

Esse trajeto vai de _____ até _____ .

Valores e vivências

Os caminhos são espaços de circulação de pessoas. Neles pode haver elementos que fazem parte do patrimônio público, como cestos de lixo, postes com lâmpadas, pontos de ônibus, telefones públicos, árvores, placas de sinalização, entre outros. Cuidar desse patrimônio e conservá-lo é dever de todos nós.

▶ Praça na cidade de Teodoro Sampaio, Bahia, 2013.

No caminho de casa até a escola, você percebe a presença de algum desses elementos? Quais são eles? Esses elementos estão bem conservados, isto é, foram cuidados e estão em boas condições? Conte para os colegas.

Atividades

1 Observe as ilustrações a seguir. Nelas estão representadas duas paisagens. Em cada item, assinale a resposta correta.

a) Esta é uma paisagem:

- ☐ natural.
- ☐ cultural.

b) Esta é uma paisagem:

- ☐ natural.
- ☐ cultural.

Revendo o que você aprendeu

1 Complete as frases com as palavras do quadro abaixo.

> naturais – culturais – casas – carros
> árvores – caminho

a) Quando saímos de nossa casa e vamos até a escola, percorremos um _____.

b) Podemos observar nos trajetos que realizamos o predomínio de elementos da natureza. Nesse caso, as paisagens observadas são chamadas de _____.

c) Em outras paisagens predominam elementos que foram feitos pelas pessoas. Elas são chamadas de paisagens _____.

d) Entre os elementos naturais estão as _____.

e) São exemplos de elementos culturais as _____ e os _____.

2 Complete as palavras com as vogais que estão faltando e descubra o nome de alguns materiais que podem cobrir um caminho.

a) ___SF___LT___

b) P___DR___

c) T___RR___ B___T___D___

3 Volte á página 69 e observe a fotografia da cidade São Miguel do Gostoso, no Rio Grande do Norte. Cite oralmente os elementos naturais e culturais dessa paisagem.

4 Observe os desenhos e numere-os de 1 a 4, de acordo com a ordem correta em que deveriam estar.

CAPÍTULO 6 — Meios de transporte

Diálogo inicial

▶ Ônibus escolar. Santaluz, Bahia, 2014.

▶ Barco escolar. Manaus, Amazonas, 2015.

▶ Furgão escolar. Sumaré, São Paulo, 2013.

▶ Metrô. Fortaleza, Ceará, 2013.

1. O que as fotografias estão mostrando?
2. Ônibus, barco, carro e metrô são meios de transporte. Você já utilizou algum deles? Quando e por quê?
3. Que outros meios de transporte você conhece?

Meios de transporte

Quando queremos ir do quarto até o banheiro, podemos caminhar. Mas, muitas vezes, precisamos ir para um lugar mais distante. Nesse caso, para nos locomover, temos de usar os meios de transporte.

Os meios de transporte levam pessoas e mercadorias de um lugar para outro. Alguns são **particulares**, como o automóvel, e outros são de uso coletivo, ou seja, são usados por muitas pessoas, como os ônibus.

▶ Bicicletas na cidade de Maceió, Alagoas, 2015.

Vocabulário

Particular: de propriedade e uso exclusivo de uma pessoa ou família.

▶ Automóveis na cidade de São Paulo, São Paulo, 2013.

▶ Ônibus na cidade de Curitiba, Paraná, 2014.

Valores e vivências

Os meios de transporte coletivo têm assentos reservados para pessoas com crianças de colo, deficientes, idosos, gestantes e obesos. Esses assentos reservados no transporte público são um direito garantido por lei e são indicados com os seguintes símbolos:

▶ Respeitar o direito dos outros é dever de todos nós.

Responda oralmente:

1. Você já viu imagens como essas nos ônibus de sua cidade?

2. Você já presenciou pessoas ocupando indevidamente esses bancos preferenciais? Qual é sua opinião sobre isso?

 Para ir mais longe

Livros

▸ *Quem vai e vem um jeito sempre tem*, de Ellen Pestili. São Paulo: Editora do Brasil, 2013.

Apresenta os meios de transporte mais adequados para ir a diferentes lugares.

▸ *As caixas que andam*, de Jandira Masur. São Paulo: Editora Ática, 2000.

História sobre os veículos que circulam nas cidades.

Cartografia

1 Fábio, Alice, Ana e João estão dentro do carro. Descubra quem é quem seguindo as pistas.

a) Ana está sentada atrás do motorista.
b) Alice está ao lado do motorista.
c) João está sentado atrás de Alice.
d) Fábio está sentado no banco da frente.

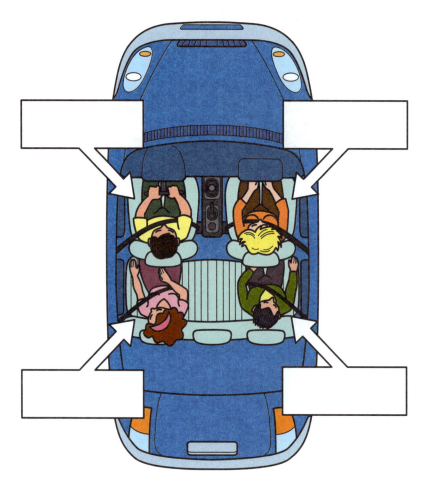

2 Todos os passageiros do carro estão usando um importante item de segurança. Preencha os espaços com as vogais que estão faltando e descubra que item é esse.

◆ C___NT____ D___ S___G___R___NÇ___

Atividades

1 Circule os meios de transporte que você já utilizou. Depois pinte os desenhos.

2 Coloque **C** se for um meio de transporte coletivo e **P** se for particular.

a)
▶ Motocicleta. São Paulo, São Paulo, 2013.

c)
▶ Ônibus. São Paulo, São Paulo, 2013.

b)
▶ Trem. São Paulo, São Paulo, 2015.

d)
▶ Moto aquática. Rio de Janeiro, Rio de Janeiro, 2013.

3 Desenhe como você vai para a escola.

Brincar e aprender

1 Ligue os pontos começando do número 1 e surgirá um meio de transporte.

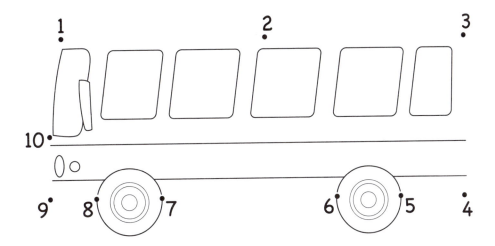

a) O meio de transporte que surgiu é um:

_____.

b) Esse meio de transporte é de uso:

- ☐ coletivo.
- ☐ individual.

2 Recorte as peças do jogo **dominó dos transportes** (página 143) e brinque com os colegas.

Para ir mais longe

Livros

- *Transpoemas*, de Ricardo Silvestrin. São Paulo: Cosac Naif, 2008.
  A obra traz 18 poemas com muitas rimas sobre meios de transporte tradicionais e outros que só existem nas histórias infantis, como o tapete voador.
- *O trenzinho do Nicolau*, de Ruth Rocha. São Paulo: Ática, 2009.
  O livro conta a história do maquinista Nicolau e de sua maria-fumaça.

◈ Tipos de transporte

Alguns meios de transporte circulam por terra; outros, pela água; outros, ainda, pelo ar.

Os meios de transporte que circulam por terra são chamados de terrestres.

▶ Motocicleta.

▶ Caminhão.

Os meios de transporte que circulam pela água são chamados de aquáticos.

▶ Moto aquática.

▶ Submarino.

Os meios de transporte que circulam pelo ar são chamados de aéreos.

▶ Avião.

▶ Helicóptero.

Brincar e aprender

1. Vamos fazer um barquinho de papel? Você precisará de uma folha de papel sulfite da cor de sua preferência. Siga as orientações:

 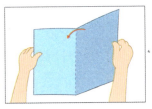  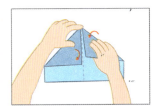

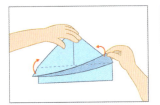  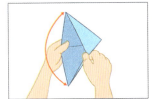 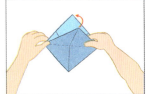

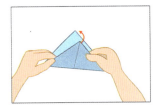  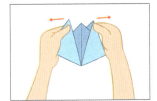 

Para ir mais longe

Livros

- *Barquinho de papel*, de Regina Siguemoto. Belo Horizonte: Compor, 1999.

  De uma folha de jornal que vai sendo dobrada, surge um barco.

- *O barquinho vai...*, de Maurício Veneza. São Paulo: Formato, 2009.

  Livro que mostra, por meio de desenhos, as aventuras de um barquinho em alto-mar.

Site

- *Guia infantil Brasil*. <www.youtube.com/watch?v=CPrdggN48-c>. Mostra como fazer um barquinho de papel.

Baú de informações

Os aviões e os helicópteros são os mais conhecidos meios de transporte aéreo.

Mas em algumas cidades em que há morros, existe um transporte aéreo alternativo: os teleféricos ou bondinhos. Eles utilizam cabos para sua sustentação e movimento. Observe nas fotografias exemplos desse meio de transporte.

▶ O bondinho do Pão de Açúcar, no Rio de Janeiro, tornou-se famoso no mundo inteiro. Ele leva turistas para o alto do morro, onde há uma bela vista da cidade do Rio de Janeiro. Fotografia de 2014.

▶ Também na cidade do Rio de Janeiro, o teleférico do Morro do Alemão é o meio de transporte usado pelos moradores da comunidade. Ele une a parte baixa da cidade com a parte alta do morro. Fotografia de 2013.

Atividades

1 Descubra em cada sequência qual é a figura intrometida. Assinale-a com um **X** e depois complete as frases.

a)

    ◯   ◯   ◯

A figura intrometida é _____ porque é um meio de transporte _____.

b)

    ◯   ◯   ◯

A figura intrometida é _____ porque é um meio de transporte _____.

c)

    ◯   ◯   ◯

A figura intrometida é _____ porque é um meio de transporte _____.

2 Coloque **1** se o meio de transporte for aéreo, **2** se for terrestre e **3** se for aquático.

a) ☐ jangada   d) ☐ trem   g) ☐ helicóptero

b) ☐ charrete   e) ☐ canoa   h) ☐ ônibus

c) ☐ avião   f) ☐ bicicleta i) ☐ lancha

3 Agora complete o diagrama com o nome dos meios de transporte do exercício anterior.

H   L   C   T   O

A   A

Um pouco mais sobre...

Você sabia que animais foram os primeiros meios de transporte utilizados pelos seres humanos? Ainda hoje, em muitos lugares, animais como cavalos, jegues, camelos e até elefantes continuam sendo utilizados para este fim.

Outros meios de transporte surgiram e evoluíram com o tempo. Veja como eram antes alguns meios de transporte terrestre e como são agora.

ANTES **AGORA**

▶ Bonde antigo.

▶ Ônibus moderno.

▶ Bicicleta antiga.

▶ Bicicleta moderna.

ANTES	AGORA

▶ Locomotiva de 1927.	▶ Locomotiva moderna.

▶ Automóvel antigo.	▶ Automóvel moderno.

1 Escolha um dos meios de transporte indicados nas fotografias e responda oralmente: Quais são as principais mudanças pelas quais ele passou?

2 Escolha outro meio de transporte indicado nas fotografias e responda oralmente: Que característica dele permanece até hoje?

3 Escolha um dos meios de transporte indicados nas fotografia e, em uma folha de sulfite, desenhe como você acha que ele será no futuro. Lembre-se: os meios de transporte evoluem com o tempo!

Revendo o que você aprendeu

1 Pinte o ⬜ de **amarelo** se o meio de transporte for aéreo; **verde**, se for terrestre; e **azul**, se for aquático.

a)

e)

i)

b)

f)

j)

c)

g)

k)

d)

h)

l)

2) Observe a imagem a seguir e depois faça o que se pede.

▶ Helena Coelho. *Acrobacia por alguns trocados*, 2005. Óleo sobre tela, 60 × 80 cm.

a) Responda: Quantos meios de transporte aparecem na imagem?

_____

b) Assinale a alternativa correta. Esses meios de transporte são:

☐ aéreos　　　　☐ aquáticos　　　　☐ terrestres

c) Responda: Entre os meios de transporte que aparecem na imagem, quais são os de uso coletivo?

_____

d) Verifique a posição do carro verde e complete: Ele está _____ do ônibus, _____ do caminhão azul e _____ do carro amarelo.

CAPÍTULO 7 — O trânsito

Diálogo inicial

Bi-bi, fom-fom.
Cuidado com o caminhão!
Bi-bi, fom-fom.
Cuidado, atenção!
O vermelho é pra parar.
O amarelo é pra esperar.
O verde quer dizer
que você pode passar.

Versos da cultura popular.

1 Você já viu algum dos sinais de trânsito apresentados pelas imagens ou pelos versos? Quais são?

2 Você sabe qual é a importância desses sinais?

Trânsito e sinalização

Quando saímos de casa e vamos para a escola, percebemos que existe um movimento de pessoas e carros nas ruas.

A esse movimento damos o nome de trânsito.

▶ Trânsito na cidade de São Paulo, 2014.

Para organizar o trânsito e torná-lo seguro, foram criadas diversas formas de sinalização. Vamos conhecê-las.

Há o semáforo, também chamado sinaleiro, sinaleira ou farol, para os meios de transporte terrestres (exceto o trem e o metrô). Ele tem três cores com indicações para o **motorista**.

Vocabulário

Motorista: aquele que dirige um veículo movido a motor.

A faixa de **pedestres** é pintada no asfalto para indicar o local em que ele deve atravessar a rua.

▶ Faixa de pedestres na cidade de Brasília, Distrito Federal, 2015.

> **Vocabulário**
>
> **Pedestre:** toda pessoa que está a pé no trânsito.

Existem também as placas de trânsito, que orientam motoristas e pedestres. Veja algumas delas e o que significam.

Velocidade máxima permitida.

Área escolar.

Parada obrigatória.

Proibido trânsito de bicicletas.

Lombada.

Vire à esquerda.

Mão dupla.

Proibido estacionar.

Proibido ultrapassar.

Outra forma de sinalização é feita pelo guarda de trânsito, que utiliza um apito e faz sinais indicativos com os braços.

▸ Guarda de trânsito na cidade de Recife, Pernambuco, 2013.

Baú de informações

Você conhece o semáforo sonoro? Ele é instalado em determinados locais da cidade para que pessoas com deficiência visual possam se deslocar com mais segurança e autonomia.

▸ Semáforo sonoro na cidade de São Paulo, 2013.

▸ Pessoa com deficiência visual atravessando a rua. Itu, São Paulo, 2013.

Quando o sinal verde para pedestres é ligado, o equipamento emite um som com uma frequência específica, que muda quando o semáforo está prestes a fechar novamente. O som é completamente interrompido quando o sinal fica vermelho.

Brincar e aprender

1 Qual é o caminho correto a seguir? Você deverá respeitar as sinalizações para levar o personagem ao destino final.

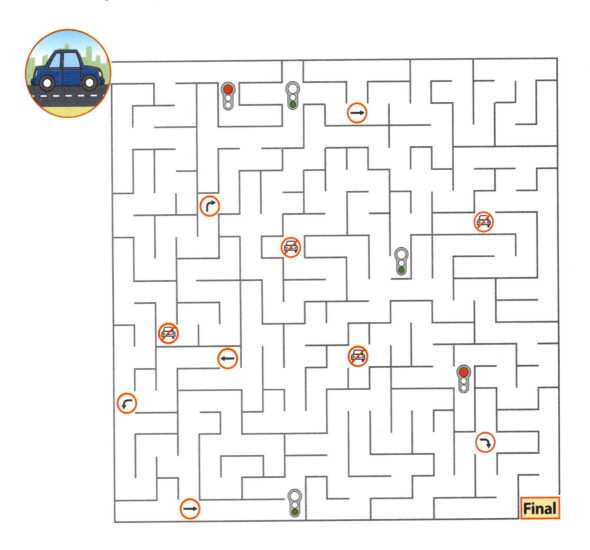

Para ir mais longe

Livro

- *O trânsito no mundinho*, de Ingrid Biesemeyer Bellinghausen. São Paulo: DCL, 2006.

  Você vai perceber de maneira divertida a importância de respeitar e cumprir as leis de trânsito.

Atividades

1 Pinte o semáforo com as cores corretas.

2 O professor vai ler o poema a seguir. Você e os colegas poderão cantá-lo utilizando a melodia da cantiga popular "Se essa rua, se essa rua fosse minha". Em seguida, faça o que se pede.

Andando na rua

Toda rua, toda rua tem perigos,
Você deve, você deve se cuidar,
Pois sua vida, pois sua vida é importante,
Para que, para que se aventurar?
Olhe bem, olhe bem por onde anda,
Atravesse, atravesse com atenção,
Use sempre, use sempre a faixa branca,
Para sua, para sua proteção. [...]

Disponível em: <www.pragentemiuda.org/2008/09/pardias-sobre-o-trnsito.html>.
Acesso em: ago. 2015.

Cubra o pontilhado e descubra o nome da faixa branca por onde devemos atravessar a rua.

FAIXA DE PEDESTRES

3 Ligue a placa de trânsito à indicação que lhe corresponde.

a)

◆ Proibido trânsito de bicicletas.

b)

◆ Circulação exclusiva de bicicleta.

c)

◆ Vire à direita.

d)

◆ Área escolar.

e)

◆ Vire à esquerda.

Baú de informações

Existem soluções e atitudes que podem melhorar a circulação de veículos. Vamos conhecer algumas delas?

- Vias exclusivas de ônibus, para que eles não disputem espaço com os carros. Prefira o transporte público ou coletivo ao individual ou particular.

▶ Faixa exclusiva de ônibus em avenida. São Paulo, São Paulo, 2014.

- Ciclovias, para que os ciclistas não disputem espaço com veículos motorizados. Usar bicicletas diminui o número de veículos particulares nas ruas.

▶ Ciclista em ciclovia. São Paulo, São Paulo, 2014.

- Estradas em boas condições, sem obstáculos e buracos, que dificultem o trânsito.

▶ Rodovia na cidade de Presidente Prudente, São Paulo, 2015.

1 No lugar onde você vive foram adotadas soluções ou atitudes como as apresentadas acima? Quais são elas? Conte para os colegas.

Segurança no trânsito

Quando andamos a pé, somos pedestres e devemos obedecer a algumas regras para ter segurança no trânsito.

- Atravessar a rua somente na faixa de pedestres e obedecer à sinalização.

- Andar somente pela calçada, afastado do meio-fio.

- Olhar para os dois lados antes de atravessar a rua.

- Observar atentamente as saídas de veículos das garagens e estacionamentos.

Quando andamos de carro e ônibus, somos passageiros e também devemos seguir algumas regras de segurança.

- Sentar no banco de trás do carro (no caso das crianças) e evitar falar alto ou fazer brincadeiras para não distrair o motorista.

- Usar cinto de segurança.

- No ônibus, se não houver lugar para sentar, segurar firme.

 Para ir mais longe

Livro

▶ *Que trânsito maluco!*, de Cláudio Martins. São Paulo: FTD, 2000.

O livro narra episódios vividos por Bóris, um entregador, em seu trabalho. Com sua van vermelha, ela roda pela cidade e nos demonstra como os semáforos organizam o trânsito.

Brincar e aprender

1 Pinte os desenhos que indicam atitudes corretas referentes ao trânsito.

a) Em relação à faixa de pedestres:

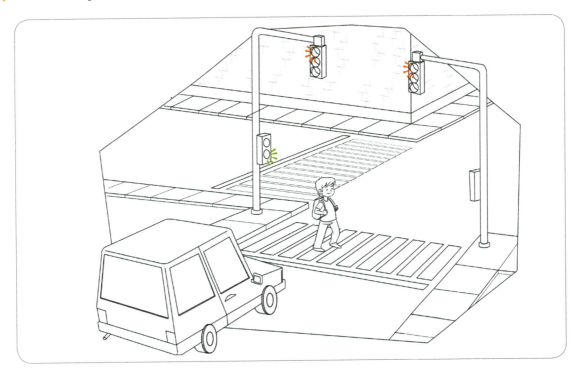

107

b) Em relação ao cinto de segurança:

Atividades

1 Observe as imagens de cada item e marque um **X** naquela que representa a atitude incorreta no trânsito.

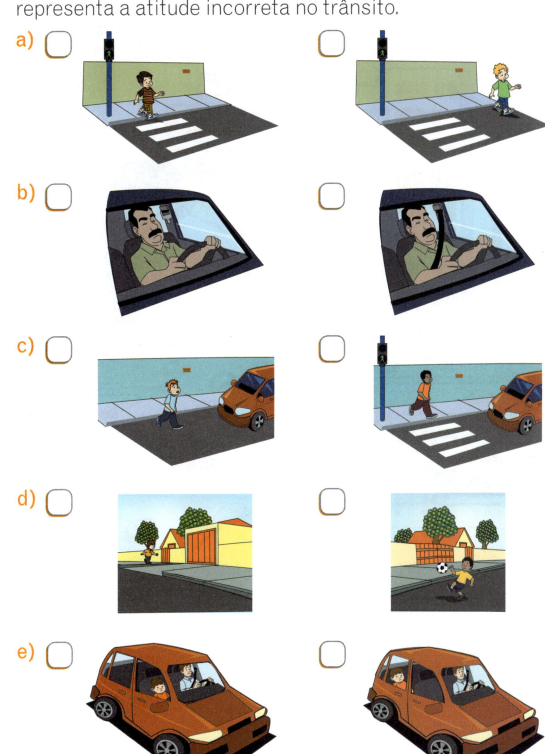

Um pouco mais sobre...

Muitos artistas retratam, em suas obras, cenas de trânsito nas cidades. Observe uma dessas obras a seguir.

▶ Cristiano Sidoti. *Elevado Oeste*, 2011. Óleo sobre tela, 50 × 60 cm.

1 Converse com os colegas:
   a) No lugar onde você mora, como é o trânsito: calmo ou movimentado?
   b) Ele se parece com o que está representado na imagem?

2 Em uma folha de papel, desenhe um momento do trânsito em sua cidade.

Revendo o que você aprendeu

1 Pinte os semáforos de acordo com a indicação.

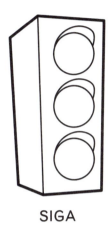
SIGA

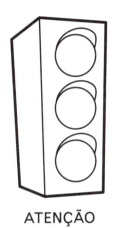
ATENÇÃO

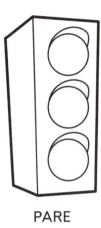
PARE

2 Complete as frases.
a) A faixa de pedestres indica o local em que o pedestre deve atravessar a _____.
b) Quando a pessoa está se deslocando a pé pelo trânsito, ela é chamada de _____.
c) Para orientar pedestres e motoristas, existem as _____ de trânsito.
d) O guarda de trânsito pode utilizar um _____ e sinais indicativos com os braços.

3 Circule a placa que indica que há uma área escolar por perto.

a)
b)
c)

4 Marque com um **X** as fotografias que retratam atitudes corretas em relação ao trânsito.

a) ☐
▶ São Paulo, São Paulo, 2014.

c) ☐
▶ Pinhalzinho, São Paulo, 2014.

b) ☐
▶ São Paulo, São Paulo, 2013.

d) ☐
▶ Juiz de Fora, Minas Gerais, 2014.

5 Escreva **C** se a frase estiver correta e **E** se estiver errada.

a) ☐ Trânsito é o movimento de veículos e pedestres nas ruas.

b) ☐ No ônibus é permitido circular com o braço para fora da janela.

c) ☐ Todos devem respeitar a sinalização de trânsito.

d) ☐ Calçada é o lugar certo para estacionar os carros.

Capítulo 8 — Meios de comunicação

Diálogo inicial

1. Você sabe de que o Cascão e o Cebolinha estão brincando?
2. Você sabe como é feito o brinquedo que eles estão usando?
3. Como costuma conversar com os amigos quando vocês não estão na escola?

A importância da comunicação

Os seres humanos sempre tiveram necessidade de se comunicar.

Quando nos comunicamos, nossas ideias, informações ou sentimentos são transmitidos para outras pessoas.

A comunicação ocorre por meio de gestos, sons, palavras, imagens, sinais e textos escritos.

▶ Comunicação por meio de gestos.

▶ Comunicação por meio da língua de sinais.

▶ Comunicação por meio da fala.

A linguagem de sinais, por exemplo, é utilizada por pessoas com deficiência auditiva.

Nesse caso, os sons são substituídos por gestos e sinais durante a comunicação.

Baú de informações

Língua Brasileira de Sinais (Libras) é a língua dos surdos brasileiros. Ela pode ser aprendida por qualquer um interessado em se comunicar com pessoas que têm deficiência auditiva. Vamos conhecê-la?

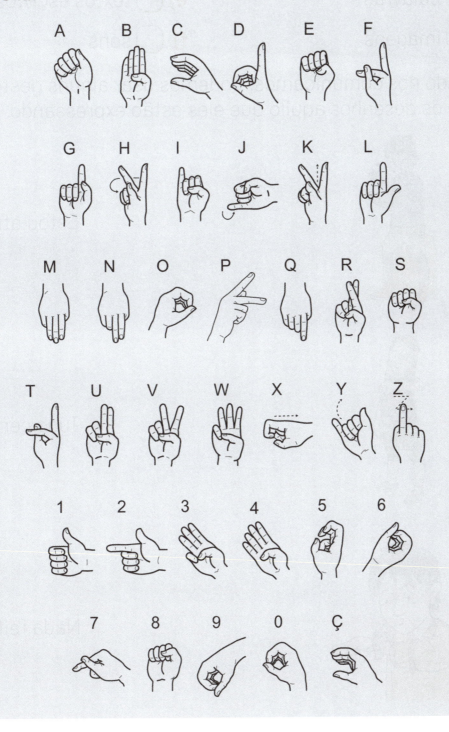

Atividades

1 Assinale as formas que você utiliza para se comunicar.

a) ◯ gestos   d) ◯ sinais

b) ◯ palavras   e) ◯ textos escritos

c) ◯ imagens   f) ◯ sons

2 Quando nos comunicamos, podemos usar alguns gestos. Ligue os desenhos àquilo que eles estão expressando.

a)

Estou atrasado.

b)

Tudo certo.

c)

Nada feito.

3 Algumas expressões do rosto também podem comunicar sentimentos. Observe as palavras do quadro e copie cada uma delas embaixo da fotografia que lhe corresponde, identificando o sentimento expresso.

tristeza   susto   alegria   dor

a)

c)

b)

d)

◈ Diferentes meios de comunicação

Existem diferentes formas de se comunicar com outras pessoas.

A comunicação escrita é aquela que encontramos nas cartas, revistas, *sites*, jornais, livros, cartazes... Ela utiliza palavras escritas.

▶ Idoso lendo jornal no jardim de sua residência.

A comunicação oral é aquela que acontece, por exemplo, em um telefonema ou quando ouvimos rádio. Nela, ocorre a emissão de sons.

▶ Menino falando ao telefone celular.

Há também a comunicação oral e visual. Ela utiliza som e imagem. É a comunicação do cinema, da televisão e das conversas pessoais, por exemplo.

▶ Garoto assistindo à televisão.

Brincar e aprender

1. Pinte os pontinhos e descubra a imagem de alguns meios de comunicação.

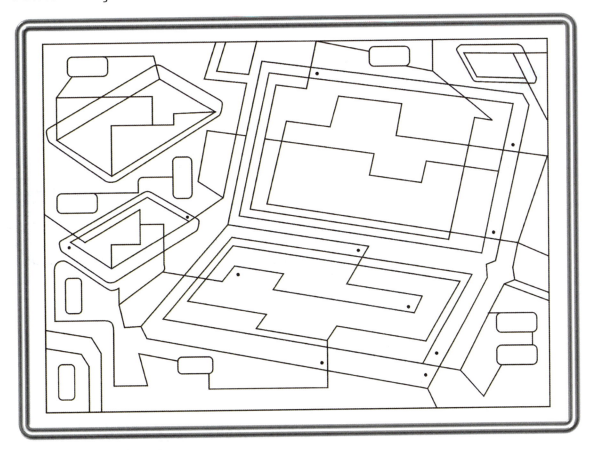

2. Encontre no diagrama de palavras o nome de três meios de comunicação escrita.

```
C B R T U C S W P I
A A X C E N A N O L
R G O R E V I S T A
T T A V I U N M O R
A C E O L Z O Q K Y
Z X R E J O R N A L
P J T U X S T H O H
```

Atividades

1 Pinte os desenhos de acordo com a legenda.

🟧 comunicação escrita

🟦 comunicação oral

🟩 comunicação visual

2 Escreva o nome dos três meios de comunicação que você mais utiliza.

_____

_____

3 Escreva o nome do meio de comunicação que você mais gosta de utilizar.

_____

4 Desenhe a seguir figuras que representem diferentes meios de comunicação de acordo com o nome indicado.

telefone	televisão
rádio	**revista**
jornal	**computador**

Um pouco mais sobre...

Os meios de comunicação também mudaram muito com o passar do tempo. Leia a seguir o trecho de um livro de literatura que aborda esse assunto.

No tempo dos meus bisavós, tudo era muito diferente...

Tinha máquina de escrever, mas não existia computador nem "laptop". [...]

▶ Carta.

Algumas casas tinham vitrola, ou gramofone a manivela. E não havia aparelho de som, nem CD. [...]

O correio tinha um grande movimento, mas as cartas demoravam a chegar ao seu destino. Fax...? Imagina... nem pensar! Nem Internet, nem "e-mail".

▶ Vitrola.

Meus bisavós contam que as pessoas escreviam cartas compridas, dando notícia de todo mundo. E receber uma carta dessas era uma verdadeira festa! [...]

Nye Ribeiro. *No tempo dos meus bisavós*. São Paulo: Editora do Brasil, 2000. p. 6, 8 e 10.

▶ Máquina de escrever.

Converse com os colegas:

1. Atualmente, como as pessoas se comunicam com quem está longe?

2. Apesar de as pessoas quase não enviarem cartas atualmente, ainda existem correspondências que chegam por correio. Que tipo de correspondência o carteiro costuma deixar em sua casa?

Revendo o que você aprendeu

1 Complete o diagrama de palavras com o nome dos meios de comunicação representados nas imagens.

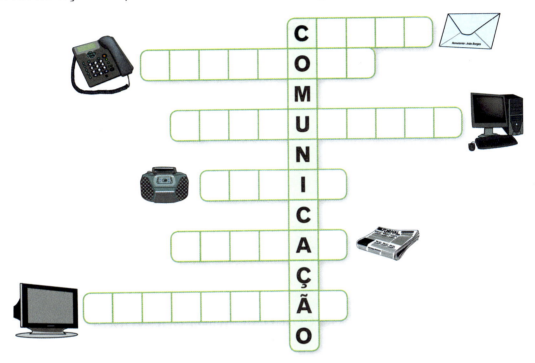

2 Ligue as informações.

a) televisão   Utiliza o som.

b) revista   Utiliza a imagem e a escrita.

c) rádio   Utiliza o som, a imagem e a escrita.

3 Pinte os meios de comunicação que transmitem som.

a)
b)
c)
d)
e)

4 Desenhe os meios de comunicação que você utiliza.

Atividades para casa

1 PINTE O DESENHO A SEGUIR COM SUAS CARACTERÍSTICAS.

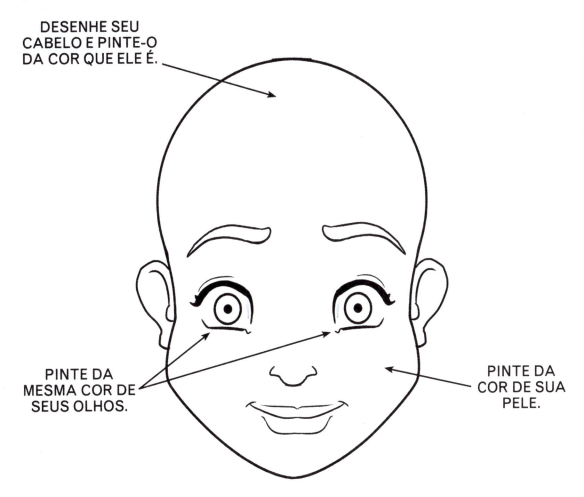

DESENHE SEU CABELO E PINTE-O DA COR QUE ELE É.

PINTE DA MESMA COR DE SEUS OLHOS.

PINTE DA COR DE SUA PELE.

2 ASSINALE A ALTERNATIVA QUE REVELA COMO VOCÊ É.

A) ☐ ALTO   ☐ BAIXO

B) ☐ QUIETO   ☐ FALANTE

C) ☐ CALMO   ☐ AGITADO

Atividades para casa

CAPÍTULO 2

1 OBSERVE O DESENHO E DEPOIS PINTE O ◯ QUE INDICA A RESPOSTA CORRETA.

A) AO LADO DA CAMA ESTÁ: ☐   ☐

B) EM CIMA DA CAMA ESTÁ: ☐   ☐

2 NA ILUSTRAÇÃO A SEGUIR, DESENHE:
A) UMA ÁRVORE AO LADO DIREITO DAS CRIANÇAS;
B) FLORES AO LADO ESQUERDO DAS CRIANÇAS.

Atividades para casa

CAPÍTULO 3

1 OBSERVE BEM SUA CASA DE FRENTE, DESENHE-A E PINTE-A.

2 PINTE OS ESPAÇOS DE ACORDO COM AS CORES INDICADAS E SURGIRÃO QUATRO OBJETOS QUE TEMOS EM CASA.

* CINZA   # MARROM   + AZUL   = VERDE

Atividades para casa

CAPÍTULO 4

1 CIRCULE A IMAGEM QUE REPRESENTA COMO COSTUMA ESTAR ORGANIZADO O ESPAÇO DA SUA SALA DE AULA. ABAIXO DE CADA FOTOGRAFIA, ASSINALE DE QUE MANEIRA AS CARTEIRAS ESTÃO ORGANIZADAS.

A)

- ☐ FILEIRAS
- ☐ SEMICÍRCULO

C)

- ☐ DUPLAS
- ☐ SEMICÍRCULO

B)

- ☐ EQUIPES
- ☐ FILEIRAS

D)

- ☐ DUPLAS
- ☐ EQUIPES

2 COM A AJUDA DOS SEUS PAIS OU DAS PESSOAS QUE MORAM COM VOCÊ, ESCREVA O NOME:

A) DE SUA ESCOLA;

_____

B) DE SUA PROFESSORA;

_____

C) DE UM AMIGO QUE ESTUDA COM VOCÊ.

_____

Atividades para casa

CAPÍTULO 5

1 Recorte as páginas 137 e 139. Recorte também as peças da página 141 e cole-as nas primeiras imagens, criando um caminho com vários elementos. Depois traga esse trabalho para a escola; o professor irá expor no mural junto com o trabalho dos colegas.

2 Assinale a característica de cada caminho.

a)

- ◦ ☐ largo e com muito movimento
- ◦ ☐ estreito

c)

- ◦ ☐ com pedras
- ◦ ☐ de terra batida
- ◦ ☐ com asfalto

b)

- ◦ ☐ com pedras
- ◦ ☐ de terra batida
- ◦ ☐ com asfalto

d)

- ◦ ☐ com pedras
- ◦ ☐ de terra batida
- ◦ ☐ com asfalto

Atividades para casa

CAPÍTULO 6

1 Ligue cada pessoa ao meio de transporte ao qual ela se refere.

a) PEDALAR É UM ÓTIMO EXERCÍCIO.

b) QUANDO CRESCER VOU SER PILOTO E FICAR SEMPRE PERTO DAS NUVENS.

c) PRECISO LEVAR ESSA MUDANÇA PARA OUTRA CIDADE.

d) USO PARA IR TRABALHAR E PARA PASSEAR COM MINHA FAMÍLIA.

2 Você ou sua família possui algum meio de transporte? Se sim, desenhe-o no espaço a seguir.

Atividades para casa

1 Pinte a resposta correta.

a) Ao movimento de pessoas e carros nas ruas damos o nome de:

- SINALIZAÇÃO
- TRÂNSITO

b) A pessoa que dirige um automóvel é chamada de:

- MOTORISTA
- PASSAGEIRO

c) A pessoa que anda a pé pelas ruas é chamada de:

- MOTORISTA
- PEDESTRE

2 Pinte o semáforo com as cores corretas e escreva ao lado o que significa cada cor.

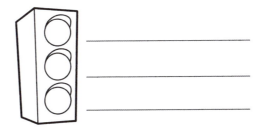

3 Circule a placa que indica "Permitida a passagem de pedestres".

Atividades para casa

CAPÍTULO 8

1 Desenhe um meio de comunicação que você utiliza muito no espaço a seguir.

a) Escreva o nome do meio de comunicação que você desenhou.

_____

b) Pinte o ⬜ que indica para o que ele é usado.
- ⬜ comunicação escrita
- ⬜ comunicação oral
- ⬜ comunicação oral e visual

Encartes

🔶 JOGO DA MEMÓRIA – SOMBRAS

PEÇAS PARA A ATIVIDADE DA PÁGINA 25.

MONTANDO UMA CASA

PEÇAS PARA SEREM UTILIZADAS NA ATIVIDADE DA PÁGINA 46.

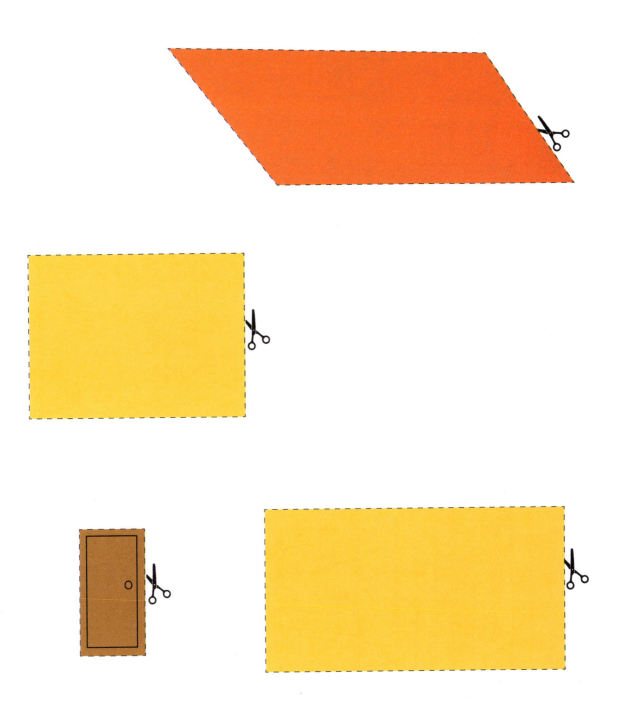

Fazendo um caminho

Recorte o caminho desta página e da página 139. Cole-os unindo as duas partes do caminho. Monte a imagem utilizando as figuras da página 141.

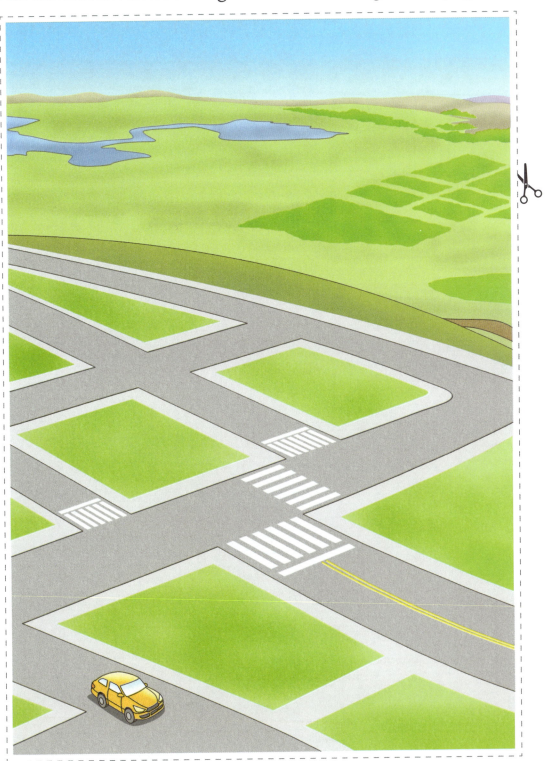

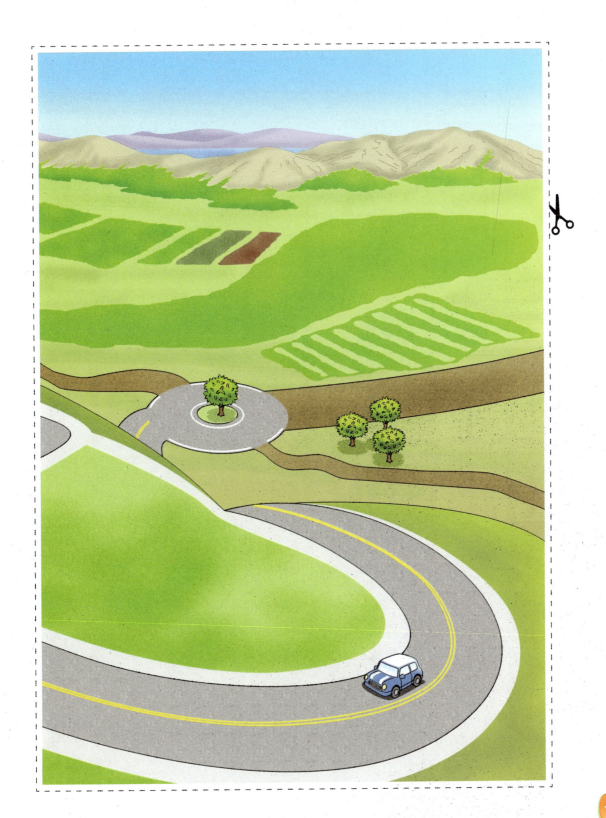

Dominó dos transportes

Peças para serem utilizadas na atividade da página 87.

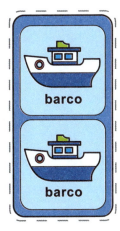

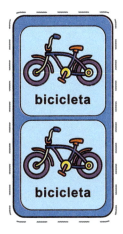